Wolfgang Constanza

El mejor método para
el éxito en Bolsa

AF216653

Producción y publicación:
Books on Demand
Norderstedt, Alemania
ISBN 9783749470495
© 2019 Wolfgang Constanza
Foto de portada: Escultura frente a
la Bolsa de Frankfurt
Escultor: Reinhard Dachlauer
Foto: Wolfgang Constanza

Indice

Los mejores especuladores

Querida Carmen,
en tu carta me preguntó qué argumentos hablan para la bolsa de valores. Primero escribo lo que habla en contra de ella:
La bolsa de valores tiene un artículo femenino en la mayoría de los idiomas y es una dama caprichosa y completamente impredecible. A veces ella está de buen humor, en el mercado bursátil 'mercado alcista'. A veces ella está muy afligida, en el mercado bursátil 'mercado bajista'. Ella está fuertemente influida por los sucesos políticos, incluso si ocurren en el otro lado del globo. Siempre siente curiosidad por los rumores positivos y negativos, a lo que responde con subidas y bajadas de precios. Si quieres hacer negocios con esta dama caprichosa, tienes una vantaja como mujer. Las estadísticas demuestran que las mujeres en el mercado bursátil tienen, en promedio, más éxito que los hombres, ya que prefieren estrategias seguras de inversión, pero los hombres corren el riesgo de especulación.
En lugar de aburrirte contando un tratado sobre los modos de la especulación

bursátil, prefiero contarte la historia de éxito de los mejores especuladores.

Benjamin Graham comenzó su carrera en *Wall Street*. Por 12 dólares a la semana, escribió precios de acciones en una pizarra. A la edad de 25 años, ya tenía un ingreso anual de 600 000 dólares. En 1934, explicó su nueva *estrategia de inversión de valor* en su béstseller *Security Analysis*. Tomando esta estrategia en cuenta, en 1948 invirtió una cuarta parte de sus activos en la compañia de seguros *Geico*. Durante los próximos 8 años, obtuvo una ganancia del 1635 % de esta inversión. Durante 30 años, su estrategia ha arrojado un beneficio anual del 17%. 10 000 dólares se convirtieron en 1 110 000 dólares. De 1928 a 1957 enseñó en la *Universidad Columbia.* Hubo solo un estudiante al que le dio la mejor calificación A +:

Warren Buffett que compró las tres primeras acciones a la edad de 11 años. Desde 1945, especuló en la compañía de inversiones de su maestro *Benjamin Graham*. Cuando *Benjamin Graham* terminó, *Warren Buffett* recaudó 105 000 dólares de sus parientes y fundó su propria empresa de inversión. Ésta logró un rendimiento anual promedio de 29,5 % de 1956 a 1969. Los parientes de *Warren Buffett* se convirtieron en multimillonarios. En 1998, todos los que invirtieron 10 000 dólares en1956 obtuvieron la fantástica suma de 150 millones de dólares. *Warren Buffett* ha adquirido 86 millardos en especulación bursátil. Su acción *Berkshire Hathaway* actualmente cuesta 300 000 dólares y es la acción más cara del mundo.

A diferencia de otros especuladores famosos, *Warren Buffett* no oculta sus compras de acciones. Ellas son publicadas y comentadas por él. Esto lo convirtió en un gurú para millones de pequeños inversores en América. Repiten sus compras de acciones, lo que aumenta la cotización bursátil.

Con una fortuna de 86 millardos de dólares, Warren Buffett es uno de los hombres más ricos del mundo. Sin embargo, todavía vive en la misma casa en *Omaha*, que adquirió en 1958 por 31 000 dólares. Monta un auto de gama media y se sirve una buena comida en el restaurante solamente una vez a la semana.

En una entrevista con la revista estadounidense *Fortune*, el 25 de junio de

2006, anunció que donaría el 85 % de su fortuna a organizaciones de beneficencia e investigación médica, de los cuales 30 millardos a la fundación de su amigo *Bill Gates*.

¿Por qué te conté estas historias de éxito?

Ilustran mejor que un seminario bursátil: el método más efectivo de especulación bursátil es perseguir con paciencia una buena estrategia de inversión.

En otra carta, te daré más información sobre las estrategias de *Benjamin Graham*.

Para hacerte consciente de que está en la mejor compañía como especuladora, te presentaré a algunos especuladores prominentes:

El filósofo romano *Cicero* adquirió por la especulación inmobiliaria una considerable fortuna. Llegó a dos conclusiones: El dinero es la base de la república y la especulación es el trampolin hacia una gran fortuna.

El escritor francés *Voltaire*, un especulador apasionado, tenía todos los lotes de la loteria comprados por hombres de paja. Calculó que la suma de las ganancias de la loteria era considerablemente mayor que el precio total de la compra de todos los lotes. Fue muy rico con este golpe, pero el director de lotería fue despedido sin previo aviso.

Otres especuladores famosos: el pintor *Gauguin*, los escritores *Balzac* y *Beaumarchais* y el economista inglés *Lord Keynes*. Debajo de su retrato, el gobierno británico escribió el siguiente texto:

John Maynard Lord Keynes, quien logró hacer una fortuna sin trabajar.

Ya que voy a hacer una gira por *California*, no puedas comunicarte conmigo en las próximas cuatro semanas.

El llamado Viernes Negro

Querido Wolfgang,

durante tu viaje a *California*, leí un libro sobre el mayor colapso bursátil. Me quedó claro: La bolsa de valores tiene dos caras: una amigable que ha mostrado a *Benjamin Graham* y *Warren Buffett* y una poco amistosa que ha mostrado a muchos corredores de bolsa. Uno de ellos escribió:

'En la bolsa de valores puedes hacer una pequeña fortuna invirtiendo una gran fortuna.'

El mercado bursátil ha destruido repetidas veces gigantescas sumas de dinero. En 1929, *Wall Street* causó la peor debacle financiera de la historia. Antes de 1929, el mundo experimentó el mayor boom bursátil de todos los tiempos. La fiebre especulativa ha infectado a todas las capas sociales.

Los consejos bursátiles fueron aún más solicitados que el alcohol prihibido por la *Prohibición*. Los chóferes solo escuchaban con una oreja al tráfico; con la otra oreja intentaron atrapar una información del mercado bursátil de sus pasajeros. El ayuda de cámara de un especulador ganó un cuarto de millón dólares con el consejo bursátil de su amo. El consejo bursátil de un paciente agradecido trajo 30 000 dólares a una enfermera. Una actriz adornaba su appartamento con gráficos de precios de acciones en alza: *General Electric* subió 300 % en un año y *Radio Corporation* 400 %.

'God's own country' fue golpeado por la ilusión de que la abolición de la pobreza es inminente y luego comienza una nueva era de 'prosperidad eterna'.

El 24 de octubre de 1929, el llamado **Viernes Negro**, comenzó la mayor debacle financiera de la historia. Todo el drama está ilustrado por el curso del *Dow Jones Index*: En el primer listado en 1896, el índice tiene 41 puntos. Hasta 1927 se eleva a 100 puntos. A través de una especulación bursátil sobrecalentada y parcialmente financiada por el banco, el índice alcanzó en septiembre 1929 el record de 381 puntos. Los precios de las acciones están muy por encima del valor real de las empresas.

Irvin Fisher, profesor de la *Universidad de Yale*, dijo el 16 de octubre:

"Parece que las acciones han alcanzado

una meseta permanente."
En los próximos tres días habrá un colapso del mercado de valores. El *Dow Jones Index* pierde un 15 %. El 23 de octubre, el índice cae a 300 puntos. Al día siguiente, el Viernes Negro, el valor total de todas las empresas en *Wall Street* se reduce en 11 millardos de dólares. El lunes,el índice cae a 260 puntos. El martes perdió otro 12 %. El 15 de noviembre cae a 180 puntos. En el verano de 1932, después de una pérdida total del 89 %, finalmente cae en los 41 puntos que tenía el primer día de su listado.

Los precios de las acciones de las grandes compañias estadounidenses se hunden en el abismo:

General Electric de 220 a 20, *Radio Corporation* de 115 a 3 ½.

En las estadísticas estadounidenses, el colapso bursátil se refleja de la siguiente manera:

Más de 123 000 especuladores exitosos que tenían un automóvil de lujo tuvieron que trasladarse al metro. Como resultado de la debacle financiera, más de 9000 bancos declararon bancarotta. La leyenda estadounidense del lavaplatos, que se eleva al millonario, se desarrollaba cada vez más en la dirección opuesta. Milliones de accionistas en América y Europa eran indigentes, pero luchaban por encontrar personas ricas que mendigar.

El creciente número de suicidios inspiró al comediante estadounidense *Will Rogers* para el siguiente gag:

"En Nueva York, el portero del hotel pregunta a los recién llegados:

¿Quiere una habitación para dormir o para saltar por la ventana?"

Me importa mucho dormir bien. Por lo tanto, no puedo decidir unirme al club de accionistas, que consiste principalmente en hombres que toman riesgos.

La red de seguridad del inversor

Querida Carmen,

a mi regreso de *California*, encontré tu carta, a la que respondo inmediatamente.

El colapso del *Dow Jones Index* entre 1929 y 1932 sacudió tu confianza en el mercado bursátil. Puedo entenderlo bien. Sin embargo, el posterior desarrollo del *Dow Jones Index* es una historia de éxito:

En 1954 alcanzó el nivel de 1929 nuevamente. En 1972 rompió la barrera del sonido de 1000 puntos. En 1987 él sube más de 2000 puntos. En 1992, supera el obstáculo de 3000 puntos. A partir de entonces, se elevará a más de 26 500 puntos para 2019. Aunque el aumento de los precios fue interrumpido repetidamente por las caídas bursátiles, el *Dow Jones Index* aumentó mucho desde 1896-2019.

El auge del mercado de valores y el colapso bursátil son dos caras de la misma moneda. El corredor de bolsa *André Kostolany* escribe:

'No se produjo un colapso bursátil que no fue precedido por un boom y sin un auge que no termine con un colapso bursátil.'

Un especulador dijo:

"No hay timbre antes del colapso bursátil."

Sin embargo, hay una señal de alarma antes del colapso bursátil: el llamado 'mercado de valores de las amas de casa'. Esto significa que las personas están ingresando a la especulación bursátil, que no tienen idea de las acciones. El billonario americano *John Rockefeller* obviamente tenía buen sentido para esta señal de advertencia.Vendió todas las acciones hace algunas semanas *Viernes Negro*, ya que un limpiabotas le había dado varios consejos bursátiles.

Debido a la experiencia del *Black Friday*, las bolsas de valores establecieron una nueva norma para evitar una venta de avalanchas. En las pérdidas extremas de precios, la negociación se suspende en el mercado bursátil. Gracias a esta estrategia, ninguno de los últimos desplomes bursátiles tuvo más consecuencias devastadoras que el *Black Friday*. Después del colapso bursátil de 1987, los corredores de Bolsa de Frankfurt demostraron que no perdieron el humor. Ellos escribieron el siguiente texto:

'Mis finanzas están destrozadas.
Se estrellaron en el mercado de valores.
Obtuve eso de mis acciones hechas cometas a los niños.
Fui con ellos al campo, donde las brisas soplaban suavemente.
Allí pude ver que mis acciones subían nuevamente.'

Tal vez puedo devolverte la confianza perdida en el mercado bursátil presentandote el triángulo de rendimiento DAX. Este triángulo muestra los rendimientos anuales promedio que un depósito análogo al DAX habria obtenido si se hubiera comprado y vendido en cualquier año entre 1983 y 2006.

El triángulo consiste en 300 campos. Los campos azules significan ganancias, los campos rojos significan pérdidas.El 87% de los campos son campos de ganancias. Solo el 10 % de los campos son campos de pérdidas. Espero que la cantidad de campos de ganancias te devuelva la confianza en el mercado bursátil. Uno puede comparar el especulador de acciones con un equilibrista. Si él cae, su vida es salvada por la red de seguridad. Si el especulador fue lo suficientemente inteligente como para construir una red de seguridad, su fortuna será ampiamente rescatada en caso de un colapso del mercado.

Esta *red de seguridad* consta de las siguientes 7 reglas de oro:

1. Invierte solo parte de tus activos en acciones. La porción de la cartera de valores se calcula de acuerdo con la siguiente fórmula:
Porción en % = 100 menos edad.

2. Compra acciones solo con dinero que no necesita durante un largo período de tiempo.

3. Invierte tu dinero en diferentes acciones de diferentes industrias.

4. Invierte tus ganancias de acciones en valores de renta fija. Cuando los rendimientos se reinvierten en acciones, y cuando se produce un colapso en el mercado bursátil, la mayoría de las ganancias se pierden.

5. Realiza las ganancias de capital. Uno siempre debe recordar: El mercado de valores no es una calle de sentido único.

Las ganancias son solo dinero prestado que debes pagar en la siguiente pérdida de precio.

6. Nunca compra acciones con la ayuda de préstamos bancarios.

7. Minimice tus pérdidas vendiendo las acciones tan pronto como sea posible en caso de una pérdida de precio. Una regla de cambio comprobada es: permitir el aumento de los precios, manteniendo pequeñas las pérdidas de precios. Para compensar una pérdida del 50%, se requiere un aumento de precio del 100 %.

Finalmente te cuento una anécdota sobre el banquero de Berlin *Carl Fürstenberg*: Había recibido para el viaje de Varsovia a Berlin un compartimento en la primera clase debido a la mayor protección. Cuando el tren partía, el señor L.se acercó a él, a quien el banquero había conocido en una cena de negocios en el hotel Adlon.

"Señor Fürstenberg, acabo de ver que su segunda cama está vacía. Le pagaré cualquier precio si me lo deja a mí."

En ese momento *Carl Fürstenberg*

recordó que el señor L. había comido ruidosamente, lo que le hizo asociar un ronquido alto. Pensativo, miró al señor L. y dijo:

"Tengo que reflexionar otra vez sobre su ruego durante la noche."

Cuando el tren se detuvo en el estación fronteriza a la mañana siguiente, se despertó con el chirrido de las ruedas de frenado. Escuchó la voz cortante del oficial de aduanas:

"Estación fronteriza, control de pasaportes."

Cansado y pálido, el señor L. se sentó en su maleta. *Carl Fürstenberg* dijo:

"Si lo veo así, lamento que no le haya ofrecido mi segunda cama."

El señor L. respondió:

"La noche no fue tan mala, pero la peor parte es que el funcionario de aduanas me reprochó porque olvidé de recoger mi pasaporte en la recepción del hotel. No pude conseguir este obstinado funcionario por mis peticiones ni por un gran soborno para permitirme entrar a *Alemania*."

En ese momento, el obstinado oficial salió de un compartimiento vecino. El banquero fue hacia él y dijo algunas palabras. Luego el oficial vino al señor L., tocó a su gorro y dijo:

"Usted puede entrar a Alemania."

El señor L. quisiera abrazar al banquero. Fue hacia él y le apretó la mano con gran gratitud.

"Muchas gracias, señor Fürstenberg, ¿pero qué le dijo a este obstinado oficial prusiano?"

"Le di una orden oficial y él me dijo: Por supuesto, si usted me da una orden oficial."

La base del comercio bursátil

Querida Carmen,
me alegro que quieras ingresar a la especulación bursátil debido a mi carta. Escribes:
'No tengo idea acerca de las acciones.'
Según una encuesta, la mitad de todos los alemanes no tienen idea acerca de las acciones. Por lo tanto, la participación de los accionistas en Alemania en 2016 fue solo del 6 % (Francia 15%, Suiza 20%, Gran Bretaña 23%, los Estados Unidos 25% y España 33%).
Los alemanes tienen un ahorro de 6 billón de euros. Pero solo el 6 % de ellos tienen acciones. Sin embargo, las acciones obtienen más ganancias a largo plazo que cualquier otra inversión. El rendimiento promedio de las acciones en los últimos 50 años ha sido un 2 % superior a la tasa de rendimiento promedio de los obligaciones de renta fija. En un período de inversión corto, esta diferencia de interés tiene poco efecto sobre el beneficio. A largo plazo, la diferencia de rendimiento debido al interés compuesto es muy grande. El monto final de una inversión de retorno del 9% excede el monto final

de una inversión de retorno del 7% en un 40% en 10 años, en un 173% en 20 años y en un 565% en 30 años.

La bolsa de valores es un motor importante de la economía. Los financieros (accionistas) y los destinarios de dinero (empresarios) se encuentran aquí. Los empresarios aumentan su capital al transformar su empresa en una sociedad por acciones. Los accionistas pueden beneficiarse de las distribuciones de ganancias de la compañía y del aumento de las cotizaciones bursátiles.

Al comprar una acción el inversor se convierte en el coproprietario de la empresa. Él está involucrado en el beneficio, si el desarrollo de la empresa es bueno y en la pérdida, si el desarrollo es malo.

Un *índice de acciones* se compone de un mayor número de acciones. Las 35 empresas españolas más importantes forman el índice **IBEX 35**, las 30 compañías estadounidenses más grandes el **Dow Jones Index** y las 30 mayores corporaciones bursátiles alemanas el índice de acciones alemanas **DAX**.

Un *certificado de indice* es una participación en todas las acciones de un indice.

El certificado del indice DAX es, por lo tanto, una participación en las 30 acciones del indice DAX. El valor de mercado del certificado de indice DAX resulta de los precios de las 30 acciones DAX. Una ventaja importante de los certificados de indice es la reducción del riesgo de cotización mediante la participación en una gran cantidad de acciones.

Una desventaja de los certificados de indice: si el banco que emite el certificado de indice se declara en quiebra, los certificados de indice entran en el estado de quiebra, amenazando al inversor con pérdidas significativas.

ETF (exchange traded fund) es un fondo que refleja los resultados de un índice bursátil. Ejemplo: un ETF basado en DAX refleja lo más posible el precio de ese índice. El valor del ETF es 1/100 o bien 1/10 del valor del índice. Si el DAX es 10 000 puntos, el valor del ETF es $1/10 = €1000$ o $1/100 = €100$.

El ETF ofrece la oportunidad de invertir en todas las acciones de un índice comprando solo un valor.

Los ETF se negocian en la bolsa de valores y, por lo tanto, se pueden comprar o vender en cualquier momento.

Debido a su administración pasiva, los costos son mucho más bajos que en el caso de un fondo administrado activamente.

El siguiente ejemplo ilustra el enorme impacto de los costos administrativos anuales:

Sin costos administrativos anuales, un fondo por valor de € 10 000 crecerá a € 100 626, con un rendimiento del 8% en 30 años.

Con una comisión de gestión anual del 2,5%, el inversor solo tiene € 49 839 después de 30 años.

Los dividendos se distribuyen a los propietarios del fondo o se reinvierten en el fondo.

Los ETF se tratan como activos especiales. En caso de insolvencia del emisor, siguen siendo propiedad del inversor.

Cuando compras un ETF, o bien realizas el pedido para comprar el precio más barato o bien indicas el precio que deseas pagar al máximo. Cuando la vendes, o haces el pedido para vender al precio más alto o al menos das el nombre del precio que quieres recibir.

Al construir un paquete de ETF, hay dos opciones. Puedes comprar un número igual de ETF cada mes, o puedes gastar una cantidad igual de dinero cada mes para comprar ETF. Te recomiendo la segunda opción. Si gastas una cantidad igual en ETF cada mes, se compran menos ETF cada mes en el caso del aumento de las cotizaciones, pero más acciones en el caso de la caída de las cotizaciones. Como resultado, un precio de compra más barato que la adquisición de un número igual de ETF por mes.

La porción del beneficio que una compañía distribuye a sus accionistas se denomina *dividendo*.

El calculo del rendimiento del dividendo es muy simple:

Rendimiento del dividendo en % = dividendo dividido por la cotización de la acción x 100.

El dividendo se distribuirá el día después de la Junta General. Cualquier accionista que tenga una participación en su depósito el día de la Junta General recibirá el dividendo. El día después del pago del dividendo, la cotización de la acción disminuirá en una cantidad igual al dividendo.

Ahora te explicaré los factores causales más importantes para el desarrollo de los

precios de las acciones:
La relación entre oferta y demanda determina el precio de la acción. El aumento de la demanda tiene un efecto positivo en el precio de la acción. La caída de la demanda tiene un efecto negativo. Aquí, la situación económica juega un papel importante:

En la recuperación económica y el auge, los inversores pueden comprar más acciones debido a sus crecientes ingresos. Los precios de las acciones suben. En períodos de recesión económica, los inversores pueden gastar menos dinero en acciones. El precio de las acciones está cayendo.

Un factor causante importante en el aumento de las cotizaciones es la caída del precio del petróleo. Dado que los inversores tienen que gastar menos dinero en los costos de energía (gasolina, calefacción), pueden comprar más acciones.

Un importante factor causante de la caída de las cotizaciones es un aumento en las tasas de interés de los valores de renta fija. En este caso, los inversores comprarán más valores de renta fija y, por lo tanto, tendrán menos dinero para comprar acciones.

Ahora has aprendido la base del comercio bursátil. Además de este conocimiento básico, solo necesitas conocer las mejores estrategias de mercado bursátil para obtener grandes ganancias en el mercado bursátil. Explicaré estas estrategias en mi próxima carta.

Finalmente, te contaré dos anécdotas sobre el banquero *Carl Fürstenberg*:

El Sr. A., un corredor de bolsa con una proporción proporcional inversa de riqueza y inteligencia, le pedía regularmente a Fürstenberg asesoramiento sobre el mercado de valores.

Sorprendentemente,sin embargo, siempre hizo lo contrario de lo que el banquero le aconsejó que hiciera. Por lo tanto, tuvo poco éxito en el mercado de valores e incluso menos reputación. Cuando una vez más quería un soplo, Fürstenberg dijo bruscamente:

"Bésame el ombligo."

"No entiendo."

"Tienes que entender eso. Siempre haces lo contrario de lo que digo."

El Sr. G., miembro de la Bolsa de Berlin, recibió el titulo de 'Cónsul General' de un estado completamente insignificante. Estaba ansioso de que siempre se le abordara con este título.En una recepción en el banco de Fürstenberg hubo una reunión entre el Sr. A., el corredor de bolsa con la peor reputación, y el Sr. G., el corredor de bolsa con el título más alto. El Sr. A. levantó su copa de champán y dijo con voz reverente:

"Me tomo la libertad de beber un buen trago de su salud, señor consul."
Fürstenberg dijo con una sonrisa irónica:
"Julio César era solo Cónsul, el Sr. G. es Cónsul General."

Las mejores estrategias

Querida Carmen,
en una sesión de carnaval, el artista de cabaret *Herbert Bonnewitz* bromeó:

"Querida señora, ¿quién deja pensar por usted?"

Con respecto a la especulación bursátil, no debas tener inhibiciones para que los profesionales del mercado de valores piensen por te. Es mejor ganar mucho dinero con su ayuada que especulando en el mercado bursátil con poco éxito. Te presentaré las mejores estrategias bursátiles para que sepas cómo se generarán tus futuras ganancias en el mercado bursátil. La selección de acciones con las mejores estrategias requiere mucho tiempo y esfuerzo. Es por eso que es mejor que la dejas a los especialistas del mercado de valores.

La *estrategia de inversión de valor* desarrollada por *Benjamin Graham* se basa en la siguiente consideración: Si el valor bursátil de una acción es menor que su valor real, esta acción se compra a mediano plazo, ya que los inversores reconocen la infravaloración. En consecuencia, el precio de esta acción aumenta.

Debido a la infravaloración, el riesgo de pérdida de precio es bajo. Las acciones seleccionadas con la ayuda de la estrategia de inversión de valor tienen así una buena oportunidad de precio y al mismo tiempo un bajo riesgo de precio.

El índice MSCI EMU VALUE refleja el rendimiento de las empresas europeas infravaloradas. Este índice aumentó un 95% entre 1997 y 2009. El índice de empresas que no estaban infravaloradas solo aumentó un 51% en el mismo período. La diferencia del 44 % demuestra la superioridad de la estrategia de inversión de valor.

Te recomiendo comprar un fondo ETF basado en la estrategia de inversión de valor, por ejemplo:

DEKA STOXX EUROPE STRONG VALUE 20 UCITS ETF – EUR DIS
ISIN DE000ETFL045

Aumento de precios en los últimos 10 años: 130%.

Todos los aumentos se determinaron el **25.5.2019**
(fuente: www.onvista.de).

La *estrategia de dividendos* desarrollada por *Benjamin Graham* se basa en la siguiente consideración:

El rendimiento total de una acción consiste en la ganancia de la cotización y el dividendo. Las acciones que pagan un dividendo alto, también tienen una rentabilidad total por encima de la media. Hay dos variantes de la estrategia de dividendos.

La estrategia top 10:

Al comienzo del año, uno compra las 10 acciones de un índice que pagan el dividendo más alto. Estas acciones se guardan en el depósito por un año.

La estrategia low 5:

De las 10 acciones con la mayor rentabilidad por dividendo, uno compra las 5 acciones con el precio de compra más bajo. Estos se mantienen durante un año en el depósito.

El llamado DIVDAX es un índice de las 15 acciones de DAX con la mayor distribución de dividendos.Entre 2000 y 2011, el rendimiento total del DIVDAX superó el rendimiento total del DAX en un 45%. Es por eso que te recomiendo comprar un fondo ETF basado en la estrategia de dividendos, por ejemplo:

XTRACKERS STOXX GLOBAL
SELECT DIVIDEND 100 SWAP UCITS
ETF

ISIN LU0292096186

Aumento de precios en los últimos 10 años: 209%.

El principio de la *estrategia momentum* es comprar acciones que ya están en una tendencia alcista. Esta tendencia al alza se puede ver en el hecho de que la cotización de las acciones ha subido por encima del promedio en los últimos seis meses. La estrategia se basa en la siguiente consideración: si la cotización de las acciones ha subido por encima del promedio en el pasado, es muy probable que aumente en el futuro cercano. Cuando el precio de la acción ha subido, tiende a subir más. Esta dinámica de la cotización se llama *momentum*.

La efectividad de la *estrategia momentum* fue probada por los cálculos de la *Universidad de Mannheim*: Con este método, se pueden lograr rendimientos que son un 10% superiores al rendimiento promedio de un índice. Este método confirma el dicho de los corredores ingleses de bolsa:

'The trend is your friend'

Te recomiendo que compre un fondo ETF basado en la *estrategia momentum,* por ejemplo*:*

XTRACKERS MSCI WORLD
MOMENTUM UCITS ETF – 1C USD
ACC
ISIN IE00BL25JP72
Aumento de precios en los últimos **3
años**: 56%.

Los ETF generalmente superan a los fondos administrados por los administradores de fondos. Estos últimos te recomiendo solo bajo las siguientes 4 condiciones:

1. Solo debe comprar fondos que se negocien en euros, ya que los fondos en monedas extranjeras conllevan un riesgo cambiario.

2. Solo debe comprar fondos con una red de seguridad. Estos son fondos mixtos que contienen no solo acciones sino también obligaciones seguras (como una red de seguridad).

3. El fondo debe negociarse en la bolsa de valores. Si compras un fondo administrado activamente de la compañia de inversión, debes pagar un recargo (hasta 5%). Esto recargo no debes pagar al comprar en la bolsa de valores. Los fondos cotisados en Bolsa tienen otra ventaja: La compañia de inversión puede suspender el reembolso del fondo si circunstancias excepcionales requieren la

suspensión. En este caso, puedes vender el fondo a través la bolsa de valores.

4. Al menos una de las principales compañias calificadoras debe certificar que el fondo tiene una calidad superior a la media.

Mejor o peor calificación (entre paréntesis):

Morningstar 5 estrellas (1 estrella), Scope A (E), Eurofonds 1 (5), Feri A (E), Lipper Leaders 5 (1), Standard & Poors Platinum (Grading removed).

A continuación, te recomiendo tres fondos que cumplan con las cuatro condiciones mencionadas anteriormente:

KEPLER VORSORGE MIXFONDS –
EUR DIS
ISIN AT0000969787
Aumento de precios en los últimos 10 años: 116%.

ACATIS GANÉ VALUE EVENT
FONDS – A EU
ISIN DE 000A0X7541
Aumento de precios en los últimos 10 años: 128%.

INVESCO PAN EUROPEAN HIGH
INCOME FUND
ISIN LU0243957312
Aumento de precios en los últimos 10

años: 164%.

Al final del año, te aconsejo que devuelvas a través de tu banco esos fondos a la compañía de inversión que han estado haciendo el rendimiento más pequeño desde la compra. Esto aumenta el rendimiento promedio de los fondos restantes en el depósito.

Te recomiendo que uses parte de las ganancias obtenidas por los ETF y los fondos para comprar los siguientes fondos altamente rentables:

ISHARES MDAX(DE) UCITS ETF - EUR ACC
ISIN DE0005933923
Aumento de precios en los últimos 10 años: 301%.

FRANKLIN TECHNOLOGY FUND - A EUR ACC
ISIN LU0260870158
Aumento de precios en los últimos 10 años: 535%.

Respecto a la devolución, se debe tener en cuenta lo siguiente: La ganancia de precio realizada con la venta de un fondo está exenta de impuestos en *Suiza* si se cumple un periodo especulativo. En *Alemania*, sin embargo, se deduce un impuesto sobre las ganancias de precios. Finalmente, te cuento dos anécdotas sobre *Carl Fürstenberg*:

El banquero era un fanático de la puntualidad. El rumor circulaba en Berlin:

'El carruaje de Fürstenberg conduce cada mañana a las 9 en punto a través de la Puerta de Brandenburgo.'

Este rumor también fue escuchado por el emperador que vivía con el lema:

'La puntualidad es cortesía de los reyes.'

Una mañana, los carruajes de Fürstenberg y del emperador se encontraron en la Puerta de Brandenburgo. El emperador saludó a Fürstenberg, a quien conocía de muchas recepciones en la corte, con un saludo amistoso. Luego sacó su reloj de bolsillo para verificar la puntualidad del banquero. Sin embargo, esto se había detenido. La puso a las 9 en punto. Cuando a las 12 en punto comenzó a sonar la campana de la 'Nikolauskirche', sacó el reloj de su bolsillo. Ambas manos se pararon en el número 12.

El fanático de la puntualidad Fürstenberg comenzó a sudar cuando su carruaje cayó en un embotellamiento en el camino hacia un autor que leía en el Hotel Adlon. Cuando llegó, vio a varios hombres en la entrada, hablando en voz alta.

"Psst, por favor hable en voz baja", dijo. "Parte de la audiencia ya está durmiendo."

En la recepción, que tuvo lugar después de la lectura, un periodista le preguntó qué impresión tenía de la lectura del escritor che había escrito libros sobre varias capitales europeas en pocos meses.

"Como escribe constantemente bajo presión, tiende a generalizar. Por ejemplo, escribe que las berlinesas son altas y tetudas y usan faldas muy cortas cuando vio a esa 'dama' a la salida de la estación de Berlin.

Los errores más comunes

Querida Carmen,

antes de entrar en la especulación bursátil, tengo que advertirte de los errores más comunes que cometen los accionistas. Ya te presenté la red de seguridad de las siete reglas. Desafortunadamente, éstas son ignoradas por la mayoría de los accionistas. En un mercado bursátil en auge, los corredores de bolsa tienden a sobreponderar la porción de acciones en su depósito. Esto sucede porque no conocen la fórmula: 'Porción en % = 100 menos edad' o ignoran deliberadamente esta fórmula.

Una trampa común en el mercado bursátil es un soplo. Aquí existe el riesgo de que se vendan otras acciones para poder colocar la mayor cantidad de capital posible en la única carta del soplo. Si el soplo resulta ser un fracaso, significa una pérdida significativa para los inversionistas.

Pocos accionistas convierten sus ganancias de capital en valores de renta fija. Temen la amenaza de la reducción del rendimiento cuando cambian a valores de renta fija. No entienden que esta reducción de rendimiento es el precio inevitable para asegurar sus ganancias en acciones.

La *estrategia contracíclica* es comprar a precios en baja y vender cuando suben los precios. Dado que el accionista sigue el instinto gregario, le es difícil vender con precios en alza. Si todos compran, ¿por qué debería vender contra la corriente?

Sin embargo, hay un comportamiento que es aún más difícil para él: vender una acción cuyo precio ha caído por debajo del precio de compra. Esto es interpretado por el accionista en el sentido de que la compra fue un error. A ningún accionista le gusta admitir que cometió un error. Es por eso que está buscando argumentos para no vender acciones, por ejemplo:

'El mercado bursátil estaba equivocado y corregirá este error nuevamente.'

Como regla, no es el mercado de valores el que estaba equivocado, sino el especulador.

Otro argumento:

'Es una debilidad temporal del precio, que pronto se ve compensada por un aumento en el precio.'

Como los precios de las acciones a veces se recuperan con un precio decreciente de la acción, estas recuperaciones de precios siguen aumentando las esperanzas de compensación de pérdidas. Acompañado por las siempre nuevas esperanzas del accionista en una compensación de pérdida, el precio de la acción cae a niveles cada vez más bajos.

Otro argumento:

'Mientras no vendo la acción, la pérdida de precio aún no se ha realizado.'

Si no vendes una acción que cae por debajo de su precio de compra, serás doblemente perjudicial: en primer lugar, debido a la pérdida de esta acción y, en segúndo lugar, debido a la pérdida de beneficios que habrías realizado si hubieras vendido la acción anticipadamente y la hubieras invertido en una acción rentable.

Si una acción cae 10 - 15 % por debajo del precio de compra, te recomiendo que venda la acción. En su libro 'Geld, das grosse Abenteuer' *André Kostolany* describe lo difícil que es:

'Lo más difícil es aceptar una pérdida en la renuncia de la bolsa. Es un procedemiento quirúrgico. Tienes que amputar el brazo antes de que se extienda el envenenamiento, cuanto antes mejor. Esto es difícil y entre 100 personas solo hay uno que sea capaz de hacerlo.'

Puedes ver lo difícil que es para el accionista vender acciones que han caído por debajo del precio de compra. Sin embargo, hay un comportamiento que es aún más difícil para él: comprar acciones que se hunden. Pocos tienen el poder de comprar acciones cuando todo el mercado de valores se quiebra. Una vez más, el instinto gregario resulta ser el mayor obstáculo. Si uno escucha la llamada "fuego" y ve a todos los accionistas corriendo hacia la salida de la Bolsa, uno debe tener los nervios duros de *Warren Buffett*, para permanecer en la Bolsa y para comprar las acciones, que venden en estado de pánico los accionistas a precios bajísimos.

André Kostolany describe los altibajos en el mercado bursátil de la siguiente manera:

Los profesionales del mercado de valores ('manos fuertes') compran sus acciones en un colapso bursátil a precios bajísimos. El auge bursátil después de la crisis atrae cada vez más aficionados ('manos temblorosas') al mercado de valores. Los profesionales del mercado bursátil venden a estos aficionados sus acciones durante el boom bursátil a precios máximos. A consecuencia del colapso que siguió al auge bursátil los aficionados sienten pánico. Venden sus acciones, que han comprado a los precios más altos de los profesionales, a los profesionales, pero esta vez a precios bajísimos. Después de eso, el juego comienza de nuevo, en el que los aficionados siempre pierden al pagar las ganancias de los profesionales, que siempre son los ganadores.

Finalmente, te cuento una anécdota sobre un hombre que debía su mayor golpe bursátil al pánico de los corredores de bolsa. Era un miembro de esa dinastía de dinero legendaria que recibió dos títulos honorarios:

'Reyes de banqueros' y 'Banqueros de los Reyes'.

Nathan Rothschild compró bonos de guerra en la Bolsa de Londres que financiaron la lucha de Inglaterra contra *Napoleón*.

El 18 de junio de 1815, hubo una batalla decisiva en *Waterloo* entre las tropas de *Napoleón* y los ejércitos de los aliados

Inglaterra y *Prusia*. Se cree que el banquero recibió la noticia de la victoria de Inglaterra por una paloma mensajera de su agente belga. Fue directamente a la Bolsa de Londres y vendió sus bonos de guerra con un semblante profundamente deprimido. Los corredores de bolsa afectados por el pánico siguieron su ejemplo y vendieron sus bonos de guerra, que se estrellaron en poco tiempo. Los bonos de guerra fueron comprados por hombres de paja del banquero a precios bajísimos.

Unas horas más tarde, la noticia de la derrota de Napoleón provocó un repunte de las cotizaciones en la Bolsa de Londres. El mayor ganador del día fue *Nathan Rothschild*. El pánico de los comerciantes del mercado bursátil le dio la fantástica ganancia de un millón en libras esterlinas.

Del mismo autor

Constanza, Wolfgang	Aprender Alemán en 10 días 2018 Editorial: Books on Demand
Constanza, Jean	Francés en 10 días Curso fácil con un nuevo método 2019 Editorial: Books on Demand
Constanza, John	Inglés en 10 días 2019 Editorial: Books on Demand